El Grupo de Codesarrollo: clave de su éxito profesional

El enfoque que está transformando empresas en Canadá y Francia

Adriana Díaz-Berrio Döring Ph.D

El Grupo de Codesarrollo: Clave de su éxito profesional

El enfoque que está transformando empresas en Canadá y Francia

© Autor: L. Adriana Díaz-Berrio Döring Ph.D.
© De la presente edición: 2015

Díaz Berrio Travail en équipe Numéro d'entreprise du Québec (NEQ) 2265937641

4640 Madison app 18 H4B2V4 Montréal, Québec, Canadá
Depósito Legal:

Impreso por CreateSpace.com: Libros bajo demanda

Indice

Dedico este libro a:

mi papás Rosa Döring Hermosillo y Salvador Díaz-Berrio Fernández que con su inspirador ejemplo me transmitieron que: "Lo mejor que le puede pasar a alguien en la vida es que ame su trabajo. Así te pagan por hacer lo que más te gusta y te diviertes haciéndolo".

José-Luis González, ejemplo de buen humor, sabiduría, honestidad, valor y generosidad, siempre presente.

Olga Orive quien fue cariñosa y quien me escuchó desde su corazón cuando yo lo necesitaba.

mis hermanos Alejandra, Jaime, Aldo, y Cecilia que aunque estén alejados geográficamente, siempre están muy cerca, en mi corazón. A Carlos y a Dani.

mis hijos Natalia Díaz-Berrio Lara y Esteban Lara excelentes seres humanos y artistas que quiero con toda mi alma y que son desde el principio mis maestros, mi orgullo, mi admiración y mi mayor alegría.

mis queridos amigos de aquí y de allá de antes y de ahora, ustedes son extremadamente valiosos para mi.

Monsi tan querido e inteligente, y a Elina bella, mágica, silenciosa y ambos excelentes compañeros.

Agradecimientos

Quiero expresar mi agradecimiento a:

todas las personas que han participado conmigo en grupos de codesarrollo mostrándome cada vez lo poderoso que es este método para mejorar la vida.

mis clientes, me dieron la oportunidad de servirles, yo me encariño con ellos y ahora siento que tenemos un lazo de confianza perdurable. En Querétaro especialmente a José Fernando Aguilar de la Escuela Bancaria Comercial.

Hilario Martínez por su apoyo incondicional a lo largo de los proyectos de escritura que, desde otro continente, incansablemente ha sostenido conmigo desde el 2015.

la Asociación de codesarrollo profesional de Quebec a la que pertenezco con gusto y en donde continúo aprendiendo sobre el método.

Martine Chanier y a la red de consejeros en management RQCM por darme la primera oportunidad de experimentar el codesarrollo.

Prólogo

Cuando Adriana me pidió que escribiese este prólogo se me planteó un reto de concreción. ¿Como en unas páginas introducir el concepto del Codesarrollo Profesional?¿Como sintetizar tanto, lo que me cuesta varias semanas explicar a los futuros facilitadores en Codesarrollo?

Al descubrir el Codesarrollo me vino inmediatamente a la memoria el puente colgante de Broughtonen en 1831, cuando una compañía de 74 soldados británicos caminando en formación coincidió con la frecuencia del puente y la amplitud de vibración consiguió romper los cables corroídos. No hubo víctimas, pero, desde entonces, el Ejército británico rompe la formación al pasar por un puente.

En 1850, unos 500 soldados franceses vivieron el mismo suceso en el puente colgante sobre el río Maine en Anger, pero no fueron tan afortunados: más de 200 soldados murieron al caer al río.

Estos casos son célebres y se suelen poner como ejemplo de la fuerza que puede tener la resonancia. O sea, cuando múltiples estímulos actúan simultáneamente sobre un elemento amplificando el efecto de cada uno de modo inimaginable. No importa si la pisada de un soldado es poco importante para un puente. Si 500 soldados actúan simultáneamente pueden ocurrir cosas increíbles.

Toda resonancia puede tener efectos destructivos o generativos.

¿Qué pasaría si todos los empleados de tu organización entrarán en resonancia, estuvieran en la misma longitud de onda para conseguir los objetivos?

A menudo suele ocurrir lo contrario, las envidias, la mala comunicación, los egos, la competitividad, la individualidad hacen que las fuerzas individuales resten en lugar de sumar, consiguiendo resultados negativos para las empresas.

El Codesarrollo Profesional permite a los miembros de una organización, sintonizarse sobre frecuencias comunes, y constructivas para esta.

¿Por qué asumimos que la manera adecuada de trabajar en las empresas es: Los Directivos definen la estrategias y reglas que deben aplicar los mandos intermedios y los empleados?

¿Podría existir otra manera de trabajar?

El Codesarrollo Profesional parte de la base que el conocimiento que dá la experiencia reside en el grupo y es al menos tan importante como las ideas de los dirigentes.

Por eso decide sacar el aprendizaje y la búsqueda de soluciones de las salas de reuniones donde maestros y consultores aportan sus ideas a problemas que no son los suyos. El Codesarrollo promueve el aprendizaje y la solución de problemas para reubicarlo de esos entornos hacia las manos de los propios empleados en un contexto de paridad para conseguir que emerja el potencial del grupo en vez de los conocimientos del profesor o del consultor.

La introducción del método de Codesarrollo Profesional en las empresas refleja un deseo de realismo y de convicción en que haciendo emerger la inteligencia colectiva, aparecerá una nueva capacidad de reaccionar y de actuar en la empresa. Así se comprueba en cada organización donde se aplica la metodología.

Puedo asegurar que la Dra. Adriana Diaz Berrio es una entusiasta y convertida de este enfoque.

Desde su tesis doctoral sobre "La Influencia de Confianza en el aprendizaje en los equipos de trabajo" a este libro que tienes en tus manos hoy, Adriana ha hecho un largo recorrido por el mundo del Codesarrollo.

Ha tenido la oportunidad de compartir con los creadores de la "Escuela Canadiense" - Adrien Payette y Claude Champagne - y ejercer como facilitadora en Canadá, Francia y claro está en el mundo Hispano hablante.

Me encanta que a través de este libro comparta su larga experiencia con las personas curiosas de descubrir este método y de aplicarlo en sus organizaciones.

Confío que esta obra reforzará la difusión del Codesarrollo en las empresas y otras organizaciones de habla hispana transformandolas en sistemas más eficientes y responsables.

Solo me queda darte la bienvenida a este apasionante mundo del Codesarrollo y de la Inteligencia Colectiva. Seguro que marcará un antes y un después en tu empresa.

Hilario Martinez Lopez
Presidente AHCODES
Asociación Hispana para El CoDesarrollo Profesional
www.CodesarrolloProfesional.org
www.AHCODES.org
www.CentroParaElCodesarrolloProfesional.com

Introducción

¿Recuerdas la última vez que estuviste en una reunión en donde el propósito explícito de los presentes era escucharte, entenderte y ayudarte para que crearas tu propio plan de acción congruente con tus necesidades?

Si ya haz vivido esto, sabes lo valioso que resulta y notaste como varias mentes juntas piensan mejor que una. Tal vez ya eres miembro de un grupo de codesarrollo profesional. Si nunca lo haz experimentado, imagina los beneficios de tener un momento así para ti. Este libro te invita a que descubras el método Grupo de Codesarrollo Profesional (GCP) y te ofrece algunos ejemplos de casos representativos. El GCP fue creado por Adrien Payette y Claude Champagne en Quebec, Canadá, en un curso de habilidades gerenciales en la Escuela Nacional de Administración Pública.

Este método para mejorar situaciones profesionales se utiliza desde 1985 en numerosas organizaciones en desarrollo de capacidades y habilidades de gestión, de comunicación, de liderazgo y de ventas, entre otras cosas. Ha sido muy exitoso para facilitar la adaptación a cambios (por fusiones, recortes, crecimiento o transformaciones de las empresas) y para generar mayor comunicación y colaboración entre departamentos, entre otras aplicaciones.

He visto a través de las múltiples sesiones de codesarrollo, en varios países (Canadá, México, España, Chile, Francia, Antigua y Barbuda) y con personas de diversas nacionalidades (China, Colombiana, Iraní, Rumana, Rusa, etc) que el GCP:

- Mejora la comunicación dentro de los equipos y entre ellos,
- Contribuye a atraer y retener al personal talentoso,
- Resuelve conflictos entre áreas,
- Aumenta la calidad del liderazgo de las personas en puestos de dirección y de gerencia.
- Favorece la colaboración, una toma de decisiones más certera y ejercita el escuchar mejor
- Incrementa la capacidad de dar y recibir ayuda
- Favorece la creatividad para encontrar alternativas en situaciones complejas

Lo descubrí en 2009. Había escrito mi tesis de doctorado (Nota 1) sobre el aprendizaje en los equipos de trabajo, sabía bastante sobre este tema... pero no tenía herramientas para poder intervenir en casos concretos y eso era muy frustrante. Hasta que leí el libro de Payette y Champagne: "Le groupe de codéveloppement professionnel". Inmediatamente me entusiasmé. Busqué un grupo similar al descrito ahí, como vivía en Montreal, lo encontré. Una facilitadora experimentada y diez participantes, reunidos una vez al mes durante tres horas.

Cada mes esperaba con emoción nuestro encuentro porque aprendía mucho en cada uno. La experiencia de pertenecer a ese grupo era algo totalmente novedoso para mi. Ahí tuve compañeros que trabajaban en grandes empresas, otros en organismos comunitarios y otros eran consultores independientes, todos contaban con una rica experiencia profesional. En mi primera vez como cliente hablé de la empresa que estaba iniciando y cambié mi perspectiva de la misma, gracias a los aportes de mis colegas.

Después de concluir ese proceso, conformé mi primer grupo de codesarrollo con inmigrantes latinos. Ese primer grupo fue exitoso, nos reconfortaba a todos ver que los integrantes ganaban confianza en ellos mismos, se hacían amigos y se apoyaban. Confundidos al principio, se les aclaraban las pistas que podían explorar para integrarse, con un proyecto satisfactorio, a la nueva sociedad.

Después, en el Centro comunitario Bienvenue à Notre Dame de Grâce, trabajé dos años, con participantes de nacionalidades muy distintas (Afganistán Canadá, China, Colombia, Irán, Israel, Marruecos, Rusia, entre otras). Comprobé que el codesarrollo se enriquece con la diversidad y que una persona fortalecida es capaz de vencer sus miedos, superar sus dificultades culturales y que logra avanzar, con mayor determinación, hacia sus metas, venga de donde venga.

Algunas personas, como Pierre Bergé e Isabel de la Garza, me pidieron que les enseñara a facilitar, así comencé, gracias a ellos, a enseñar, de forma muy progresiva. La aventura de los cursos intensivos para animadores empezó en 2012, cuando Yann Coirautl de la empresa CSP Formation, (la tercera empresa más grande dedicada a la capacitación en Francia) me pidió que trabajara con tres grupos de capacitadores y coaches. Dejé mi empleo en el ministerio MICC[1].

Estructuré el curso para facilitadores de GCP en cuatro días, enfocado sobretodo en la práctica y los participantes estudiaban la parte teórica, previamente, en el libro de Payette y Champagne"(Nota 2) el cual le

---

[1] Era agente del programa SIEL servicios de integración en línea del ministerio de la inmigración y las comunidades culturales.

ha permitido a muchas personas que leen francés, descubrir este método.

Por eso pensé que hacía falta un libro sobre el mismo tema en español, especialmente cuando di un curso intensivo de facilitación de GCP en Chile.

Como ya había dado varios cursos así en Francia, cuando los daba en países de habla hispana, como en México, Chile o España, me pesaba no poder recurrir a ese valioso texto, era una desventaja importante para las personas de países que no hablan francés.

Además, yo quería un libro adecuado a los talleres dirigidos a directores, gerentes de todos niveles, supervisores y especialmente, profesionales como coaches, capacitadores, consultores. psicólogos, y otros profesionales que trabajan con grupos, responsables de la capacitación de los recursos humanos en las empresas, o responsables del desarrollo organizacional, incluso a profesores.

Por lo tanto espero que este libro, sobre el método y ahora en español, sea útil para quien requiere una herramienta efectiva para ayudar a resolver algunos de los problemas urgentes, complejos, relevantes y costosos de las empresas cuando buscan mejorar la calidad del servicio al cliente interno y externo.

Confío en que este método será apreciado por quienes, dentro de una empresa o desde una posición de apoyo a la misma (consultores, coaches, capacitadores) se han enfrentado la necesidad de mejorar situaciones como estas:

- estrés elevado debido a cambios inesperados o relevantes en la empresa
- dificultades para atraer y retener el talento
- rotación de personal muy elevada,
- falta de motivación y de capacitación del personal,
- una cultura de servicio al cliente deficiente
- desgaste y frustración causados por la falta de colaboración dentro de los equipos de trabajo,
- comunicación deficiente entre las áreas,
- actitudes, de "eso ya no es mi trabajo" o

de "yo sólo estoy aquí mientras me voy a otro lado".

Estos problemas se presentan en el día a día de quienes trabajan en las empresas y no es tan fácil resolverlos. Se requiere de herramientas poderosas como el GCP, que es sencilla y que da resultados rápidos y permanentes.

¿Cómo se logran entonces los resultados deseados?

A través del codesarrollo en las empresas, se pueden adoptar comportamientos más colaborativos. El GCP también promueve una mentalidad acorde con dar y recibir ayuda, un comportamiento necesario en los sectores de servicio pues el factor humano determina directamente la calidad del mismo.

Existen diversas estrategias pero muchas veces es en el mismo trabajo, en donde el personal, una vez contratado, va aprendiendo lo que se requiere para dar un excelente servicio.(Nota 3)

Por eso es tan importante que en la empresa haya una cultura de colaboración y un contexto que facilite tanto el trabajo en sí, como aprender, mejorar y desarrollar a las personas que tienen el potencial para crecer junto con la empresa.

El codesarrollo se enfoca directamente a la necesidad concreta de cada uno, en su puesto, con su equipo y en las problemáticas que viven. Permite tomar una distancia respecto de esta realidad para verla desde una perspectiva nueva, más amplia y con cierta altura.

Por otro lado, genera mayor cohesión entre los miembros de los equipos.

En la primera parte del libro toco los aspectos principales de este método y en la segunda parte describo tres casos reales y los resultados logrados.

Notas

1 La tesis está disponible en este link en su versión integral www.colparmex.org/Tesis/LAD.pdf

2 A. Payette y C. Champagne *"Le groupe de codéveloppement professionnel"* Presses Universitaires du Québec, 1995

3 Adriana Diaz-Berrio y A Lara Rivero *Technological Change and Tacit Knowledge Socialization* Comercio Exterior octubre 2003

Capítulo 1

El método del Grupo de Codesarrollo Profesional

¿Qué es un Grupo de Codesarrollo Profesional (GCP)?

El enfoque GCP es como una combinación de capacitación, acompañamiento y de grupo de resolución de problemas que inicialmente se aplicó exclusivamente al desarrollo de habilidades gerenciales. Ha resultado efectivo para otro tipo profesiones y de competencias profesionales desde que surgió en Montreal, en el 1985, en el marco de un curso para gerentes.

El aprendizaje, en este enfoque, se genera gracias a un grupo que comparte el objetivo común de mejorar profesionalmente a través de las Consultas de codesarrollo que constan de siete etapas.

Su fuerza proviene de dos elementos que lo hacen muy poderoso:

1) La experiencia de los integrantes del grupo (y la reflexión compartida en torno a ésta) con el propósito común de aprender juntos y mejorar la práctica profesional o las situaciones empresariales de cada uno.

2) El segundo es que cada participante elija y exponga, con total libertad, un tema que le importe en un ambiente de seguridad y confidencialidad.

La confianza y la solidaridad se vuelven dos componentes esenciales en un GCP. Cuando los participantes han experimentado los beneficios de los comportamientos solidarios y colaborativos en los grupos, suelen repetirlos fuera de estos, con otros colegas. En las empresas en donde se han implantado GCP, a nivel directivo, progresivamente se va generando un entorno laboral en donde se valora la capacidad de escuchar y comprender las necesidades de los colegas, se puede brindar ayuda de forma concreta y oportuna y se toman las decisiones de una mejor manera (Nota 1).

Es recomendable conformar grupos de mínimo 4 participantes y un máximo de 10. Idealmente, se realizan tantas consultas de codesarrollo como sea el número de personas (por ejemplo, si hay ocho personas, habrá ocho consultas). Se reúnen con una frecuencia variable, según lo que se considere conveniente.

Pueden elegirse diferentes modalidades de trabajo:

- intensivas de tres días seguidos;
- o reuniones una vez por semana; cada dos, tres o cuatro semanas.
- Se pueden hacer grupos presenciales o

- grupos a distancia que trabajan en línea (con las ventajas de ahorros considerables en tiempo y dinero para transporte).

En cada encuentro se atiende la situación de una o más personas, utilizando el procedimiento estructurado de siete etapas. Cada consulta o sesión, dura entre una hora y media y tres horas, dependiendo del número de participantes, su rango en la organización, el nivel de profundidad que se quiera lograr y la complejidad de los temas tratados. La consulta se organiza en torno a tres roles: cliente, consultor y facilitador.

El rol de cliente lo asume una persona distinta en cada consulta para que todos puedan experimentarlo, al menos una vez. El cliente es quien recibirá la ayuda del grupo en esa ocasión, así, cada vez, una persona diferente tiene la oportunidad de recibir ese apoyo para elaborar su plan de acción, conforme a sus objetivos.

El rol de consultor, lo asumen todos los demás participantes y su función es ayudar al cliente, en primer lugar. Se busca escucharlo respetuosamente, sin enjuiciarlo en ningún momento y poniendo a su disposición tanto sus conocimientos, experiencias, ideas y preguntas, como su imaginación y creatividad.

Así mismo, cada consultor escucha los aportes de los otros consultores, aunque tengan opiniones divergentes, trabajando en equipo junto con ellos, para responder a la petición del cliente, del mejor modo posible. Sin embargo, cada consultor –aunque se enfoca principalmente en ayudar al cliente– asume también una actitud abierta a aprender y a cuestionar sus propios esquemas.

El facilitador también está aprendiendo; su responsabilidad es guiar al grupo a lo largo de la consulta. El rol de facilitador, generalmente, lo mantiene alguien que conoce bien el enfoque y tiene experiencia previa como facilitador, además de hacerse responsable de la organización de las cuestiones prácticas (comunicación entre reuniones, avisos, horarios, lugar de trabajo, etc).

Condiciones de éxito

Al iniciar un programa de codesarrollo en una empresa es muy importante hablar con los directores o gerentes responsables para asegurarse de que se garanticen las siguientes condiciones:

- La confidencialidad (en relación con la información personal compartida dentro de las consultas del grupo; no en cuanto a los aprendizajes logrados).
- El respeto (mutuo y hacia las opiniones emitidas); y
- El compromiso y seriedad (para asistir puntualmente a las citas agendadas).
- Dentro de las condiciones de éxito, naturalmente, el facilitador deberá conocer el método y generar

un clima de confianza en el grupo y un auténtico ambiente de cordialidad.

Al iniciar un GCP en una organización, se establece un contrato para asegurar la confidencialidad e incluir únicamente a empleados del mismo nivel jerárquico dentro de un mismo grupo. Se explica e insiste sobre la importancia de que se respete la libertad de cada individuo para elegir los temas específicos que desea tratar aunque sean parte de una temática global, decidida por la empresa.

Finalmente, sobre la confianza se podría decir mucho, ya que es un elemento esencial sin el cual no es posible aprender juntos. La confianza permite hablar de lo que uno desea o de lo le cuesta trabajo y abrirse para mostrar una parte vulnerable a los demás, sintiendo seguridad.

Aquí resulta idóneo retomar lo escrito por una participante: "La confianza despierta sola, sin presiones, se deja seducir por el grupo y su energía. El grupo tiene su propia aura: los destellos de unos alumbran a otros y nace la confianza desde el espacio interior y personal de cada uno".

Notas

1 El caso de la empresa estatal en Quebec STL (Société de Transport de Lava) demuestra el éxito del GCP de directores pues el diagnóstico organizacional que se aplicó antes y después de implantarlo, mostró mejoras significativas en la comunicación entre departamentos y un compromiso más tangible de los empleados.

Capítulo 2

El rol del facilitador en el Grupo de Codesarrollo

El facilitador asume varias responsabilidades. Una de ellas es pedagógica pues consiste en explicar claramente el método y sus etapas (descritas en el capítulo 5). Asegura también funciones de moderador: equilibra la dinámica de la participación, aclara, reformula, resume e integra.

Además de comprender la parte teórica y haber sido parte de un GCP, el moderador necesita cualidades y aptitudes de su saber ser, como es la calidad de su presencia.

La calidad de la presencia

La presencia –como lo explica Scharmer (Nota 1)– se refiere a una presencia en tres planos a la vez:

- presente a sí mismo,
- a los demás y
- a lo que emerge.

Esto significa estar presente en todo aquello que surja durante el proceso de la consulta. Y ocurren muchas cosas aunque no todas sean explícitas, se requiere de sensibilidad para percibir aquello que se expresa (o se calla) de manera verbal y no verbal.

Estar presente a sí mismo significa permanecer atento a (a través de las consultas) sus propias emociones, relacionadas con los temas que se presentan. Las emociones, muchas veces, son indicadores poderosos de lo que le ocurre al cliente y al resto del grupo.

La presencia a los demás implica estar dispuesto a escuchar con apertura de tipo:

1. mental (suspender los juicios, en lo posible),
2. de corazón (establecer un contacto a nivel emocional) y
3. de voluntad es decir que el facilitador se pone al servicio de los objetivos del cliente y no intenta ni manipular su proceso, ni conducirlo en la dirección que el facilitador considera correcta.

Se trata de ser realmente receptivo a las nuevas ideas y evitar imponer puntos de vista. Ello implica estar dispuesto a no tener expectativas predeterminadas acerca de los resultados y no intentar orientar el avance de una consulta hacia algún resultado preciso, (sino que sea el cliente con su receptividad y la misma dinámica grupal lo que lo dé el resultado).

El GCP se basa en el principio de que *cada persona es la experta de su propia situación* y es quien mejor saber lo que necesita y qué camino desea tomar o proseguir.

Como se considera que el cliente del GCP es el experto de su situación, el grupo se enfoca en servirlo. El papel del facilitador consiste, por tanto, en ayudar al cliente a dirigir la consulta hacia los resultados que él (el cliente) desea obtener. El facilitador en ningún momento deberá imponer su punto de vista ni explícita, ni implícitamente.

La seguridad psicológica

La confidencialidad, aspecto que el facilitador cuida, significa que es muy importante que lo que se diga en la sesión no se   repita o comente fuera de ahí, ni con otras personas.

Por el otro lado, es determinante que además de que haya confidencialidad, se genere en el grupo, un nivel de seguridad psicológica elevado. Y esto es responsabilidad, en primer, lugar del facilitador quien debe contribuir, con su comportamiento de respeto y de no enjuiciar, a poner el ejemplo.

La persona que llega a un GCP y expone temas que tal vez nunca antes ha tratado, puede tener una cierta acumulación de sentimientos relativamente intensos tal vez enojo, frustración, tristeza o temor.

Si, al hablar de estos temas, esta persona, experimenta la carga afectiva que ella misma no había identificado puede sentirse vulnerable o muy expuesta. Es por eso que la seguridad psicológica es un factor clave del éxito del grupo, porque cada persona al expresar lo que siente, requiere sentirse aliviada y contenida además de aceptada.

Por eso el facilitador debe de tener experiencia en el manejo de dinámicas grupales y sentirse tranquilo con la dimensión emocional.

Durante un curso para facilitadores, le ocurrió un hecho muy doloroso a uno de los participantes[2] y todos estaban impactados. Tuvimos que interrumpir durante un tiempo para poder procesar los sentimientos de profunda tristeza que se generaron cuando recibimos esa mala noticia. Como animadora compartí esas emociones y supe darles su lugar adecuadamente. Hablamos de lo que estaba ocurriendo y posteriormente, ya más en paz, estuvimos dispuestos a proseguir.

Notas

1 Otto Scharmer 2008. *Theory U: Leading from the Future as it Emerges*. San Francisco, CA; Berrett-Koehler Publishers. La teoría U se construye en torno a la idea de que la calidad de la presencia está determinada por el lugar interior desde el cual actuamos y que este influye en la posibilidad de construir algo nuevo y diferente colectivamente.

---

[2] Recibió el aviso de la muerte de un familiar en un accidente. Otra de las participantes había vivido algo similar meses antes por lo que estaba doblemente impactada y los otros miembros del grupo eran muy cercanos pues eran colegas de trabajo.

Capítulo 3

Competencias desarrolladas por los participantes del grupo

Las competencias que se desarrollan en un GCP son cognitivas, emocionales y relacionadas con la acción, corresponden a tres tipos de saberes: saber (conocimientos); saber ser; y saber hacer.

Una participante de un GCP lo describió en sus propios términos: "El codesarrollo te enseña un proceso de aprender a pensar; es secuenciado, en etapas y se lleva sus tiempos. El codesarrollo deja fuera los juicios (intenta ser neutro), redefine lo que se piensa hasta encontrarle un sentido y respuestas a todo aquello que se desea aplicar de manera inmediata".

He aquí algunos ejemplos de aprendizajes logrados en estos grupos y a lo que se refieren:

Saber

- Entender las experiencias de éxito o casos particulares de organizaciones.
- Conocer teorías y principios.
- Usar herramientas útiles.
- Habilidades para comprender y analizar.
- Compartir recursos valiosos como referencias de expertos, artículos o libros, entre otros.

Saber ser

- Estar presente y mejorar la calidad de nuestra presencia ante el otro.
- Escuchar lo que se comunica de manera verbal y no verbal.
- Escuchar y prescindir de nuestros juicios.
- Respetar opiniones distintas e incluso opuestas a las propias.
- Tomar en cuenta la dimensión emocional: aceptar el impacto que las emociones tienen sobre nuestras percepciones y nuestra capacidad de actuar.

Saber hacer

- Desarrollar habilidades de liderazgo.
- Identificar y definir necesidades; pedir ayuda en forma clara.
- Saber brindar ayuda, respetando los límites del pedido del cliente.
- Tomar decisiones sin precipitarse, sino indagando antes sobre el contexto, la subjetividad y las posibilidades existentes.
- Aprovechar las ventajas de la inteligencia colectiva.
- Elaborar planes de acción a la vez realistas e inspiradores.

Capítulo 4

Los objetivos del Grupo de Codesarrollo

El objetivo principal de un GCP es que los directores, gerentes o supervisores (pueden ser también otros empleados en una organización o profesionales que trabajan por su cuenta, empresarios, artistas y estudiantes) reflexionen juntos sobre sus experiencias para que sean más eficaces en tres aéreas y de forma simultánea: pensar, sentir y actuar.

La consulta de codesarrollo va orientada a:

- generar autoconocimiento
- tomar mejor las decisiones,
- ganar claridad y seguridad
- pasar a la acción y
- aprender de las experiencias.

Para ello se toma en cuenta la subjetividad, es decir, la forma que cada persona vive los hechos y los pensamientos y las emociones que estos le producen.

Objetivo general y objetivos específicos

Las consultas de un GCP se centran en comprender la situación única e irrepetible de lo que ocurre, los datos de una situación concreta y la forma en que esa persona vive, interpreta y siente esa situación.

Dado que este enfoque se abarca estos dos campos (los hechos y la subjetividad del individuo) al mismo tiempo, es necesario durante la fase de preguntas, entender tanto los eventos concretos (lo que está ocurriendo) como la forma en que la persona los percibe y los vive (o sea la particularidad del sujeto) además del contexto en donde se ubican. Se busca comprender, cómo lo dice el conferencista Alfonso Ruíz Soto, "El problema" (que son los eventos) y "La problemática" (que se refiere a lo que cada uno interpreta y le agrega a los hechos).

El codesarrollo, además del objetivo general de que los participantes aprendan juntos, persigue objetivos específicos:

- Aprender a ser más eficaz profesionalmente.
- Comprender nuestros propios modelos mentales.
- Tomar tiempo para la reflexión.
- Tener un grupo de pertenencia.
- Consolidar la identidad profesional.
- Aprender a ayudar y a pedir ayuda.
- Saborear el placer de aprender.

No desarrollaremos cada uno de estos (aunque todos son muy importantes), sin embargo, nos detendremos en dos, estratégicos para el desarrollo de la colaboración en una organización y para cada individuo.

Objetivo: Tomar tiempo para reflexionar

Varios integrantes de un GCP coincidieron en que los momentos destinados a "detenerse" para reflexionar eran enriquecedores, útiles y necesarios. Expresaron que, debido a las presiones y exigencias de los horarios, pocas veces tenían la oportunidad de tomar el tiempo (ni un breve momento) para disminuir sus ritmos de trabajo y "tranquilizarse" para poder pensar.

Efectivamente, la intensificación de los ritmos de trabajo –muy frecuente en la vida profesional– incrementa las cargas de trabajo debido a recortes de personal y al aumento de las responsabilidades de quienes quedan.

Además, la complejidad creciente en los contextos organizacionales somete a los empleados, cada vez más, a frecuentes cambios y fuertes exigencias, además de las previamente autoimpuestas. Suelen faltar momentos para asimilar y reflexionar sobre el trabajo, el sentido que tiene este y el de sus transformaciones.

Encontrar el sentido es tan relevante que una de las funciones primordiales de un líder, es crear el sentido y comunicarlo a los demás sobre todo en casos de complejidad elevada, de crisis y cuando se presenten ambigüedades.

He moderado diversas sesiones relacionadas con el tema de la administración del tiempo, es una preocupación muy frecuente y gracias a la reflexión conjunta y he notado que los participantes encuentran respuestas.

Los momentos de detenimiento son necesarios para preguntarse y saber cómo:

- adaptarse;
- generar una mayor claridad acerca de los diferentes modos posibles de hacer las cosas;
- colaborar con los otros y
- entender el nuevo sentido de las tareas cuando éstas cambian.

Estar siempre "ocupado" (inmerso en la acción, bajo presiones, con prisas, en movimiento continuo) puede provocar que uno, no sepa bien hacia dónde va y ni el porqué de la situación que está viviendo, con la consecuente repercusión negativa de una mala dirección de su equipo.

Una actividad incesante también impide, a veces, que notemos y resolvamos pequeños problemas que suelen crecer y llegar a ser mucho mayores o a acumularse para crear otros de dimensiones inmanejables.(Nota 1)

Tomar una pausa no es sólo muy efectivo para reducir el estrés, sino que además permite:

- dialogar (con uno mismo o con los demás)
- observar,
- escuchar,
- experimentar maneras nuevas de trabajar

- evaluar y
- decidir con menos reactividad e impulsividad
- actuar a partir de la zona de poder personal que cada uno tiene.

Estas acciones son fundamentales para conectarse y reconectarse con el sentido que uno mismo le da a lo que uno hace; establecer relaciones con los demás de forma satisfactoria y enriquecedora; e incluso, para recuperar la tan importante conexión con uno mismo.También es necesario tomarse un momento para apreciar y agradecer lo que uno tiene y ha logrado.

La falta de reconocimiento hacia el trabajo y los esfuerzos realizados es una de las quejas que se escuchan, de manera más frecuente, en las organizaciones, porque los gerentes, por tantas actividades olvidan o descuidan tomarse un minuto para expresar su satisfacción hacia quienes hacen posible alcanzar los resultados cotidianos.

En el plano personal, el tiempo de la reflexión sobre sí mismo, es lo que permite que:

- uno se vea, con sus fortalezas y sus debilidades
- sepa cómo influencia a los demás.
- identifique sus objetivos,
- reconozca lo esencial y lo que es menos importante
- valore su potencial y
- decida cómo explotarlo.

Es frecuente que vayan de la mano la incapacidad de hacer un "alto en el camino" con la dificultad de formular preguntas poderosas para promover cambios, pensar de formas novedosas, identificar nuestras fortalezas y aprovechar mejor nuestro potencial.

De ahí que exista una tendencia a:

- buscar soluciones rápidas, instantáneas o "mágicas", basadas en enfoques simplistas y superficiales,
- desarrollar una visión parcial en la cual las cosas son "blancas" o "negras",
- mantener esquemas excluyentes cuyas respuestas posibles sólo son "A" o "B" en vez de "A" y "B".

Cuando se tiene una perspectiva más amplia es posible encontrar respuestas más acertadas. En cambio, la impaciencia y la velocidad dificultan recordar que la vida en cada situación ofrece mucho más que dos opciones opuestas. Es necesario, pues, detenerse para apreciar algo más realista: los "tonos de grises" y descubrir nuevas posibilidades.

Cuando tomamos pausas es posible reflexionar sobre nuestras experiencias e identificar lo que:

- es importante para nosotros y para otros y por qué lo es
- es posible en cuanto a nuevas opciones

- es relevante, al cuestionarse y permitirse pasar de lo que "es" a lo que "podría ser".

El participar en un GCP, nos hace dejar de estar en la operación e implica tomar una pausa y una distancia para mirar con mayor calma una determinada situación. Y gracias a la mirada de otros (personas externas a dicha situación), recuperar una perspectiva más amplia.

Resulta que los otros (por no estar involucrados en la situación y por no vivir la carga emocional que ésta pueda provocar) tienen, naturalmente, una visión de conjunto y de las alternativas posibles.

Objetivo : Aprender a dar y recibir ayuda

Se observa en los GCP que, muchas veces, los participantes no saben cómo proporcionar ayuda, ni saben cómo solicitarla o recibirla. Esta competencia es fundamental en los contextos de trabajo en equipo y en donde la interdependencia es elevada, como en el sector servicios y en particular en la hotelería.

Recibir ayuda implica reconocer límites propios y aceptar, al menos algunos de los aportes de los demás, pese a que en ocasiones, nos brinden su apoyo en formas que no habíamos ni siquiera imaginado.

Se aprende a apreciar el valor que tienen los planteamientos de los demás, aunque éstos nos puedan sorprender o incluso confrontar, en alguna medida.

Pedir y recibir ayuda, no es tan fácil de hacer, en realidad porque generalmente va en contra de ciertas creencias muy arraigadas. Por ejemplo, algunas personas, por su educación y la dinámica en su familias, han adoptado creencias de este tipo :

- "Hay que ser fuertes o independientes"
- "Nadie realmente tiene ganas de ayudar a los demás"
- "Pedir ayuda es molestar a los demás y eso es inaceptable"
- "Si pido ayuda pueden pensar que no tengo las capacidades requeridas"

Partiendo de tales creencias, se equipara el pedir ayuda a una incompetencia o debilidad; en todo caso, se considera que al pedir algo se genera –de manera irremediable– un desagrado por parte de aquéllos a quienes se les solicitó ayuda.

En realidad no siempre sucede esto, incluso puede ser al revés: al pedirle ayuda a una persona, le estamos brindando la oportunidad de sentirse útil, de compartir un talento o una información, de sentirse reconocida por lo que ella sabe y por sus capacidades y esto puede ser grato para quien brinda la ayuda.

En efecto, a lo largo de las consultas, varias personas expresaron que pedir ayuda era una habilidad útil y necesaria, que no tenían tan desarrollada como desearían y que había sido muy positivo aprender a practicarla en un grupo dispuesto a colaborar y a aportar lo mejor de sí. Los que brindaron la ayuda expresaron su agrado por aportar algo valioso.

Uno de los participantes, que justamente tenía muchas dificultades para pedir ayuda, compartió un admirable relato de lo positivo que es saber pedir ayuda. (Nota 2)

Objetivos fijados por la empresa o por cada grupo.

Hemos hablado de los temas que los autores plantean en su libro, sin embargo, cada organización define temas y objetivos particulares, por los que se decide usar este método. Y el codesarrollo puede ser una parte de un programa más extenso y completo. Por ejemplo en el Hospital Sacré Coeur de Montreal hubo un programa de desarrollo organizacional para mejorar las habilidades de liderazgo de cuarenta gerentes. Se hizo primero un diagnóstico de sus habilidades de liderazgo, luego se dió una capacitación de tipo más conceptual y durante un año, se reforzaron los aprendizajes en cinco grupos de codesarrollo. Al final se realizó una nueva medición para comprobar los avances logrados.

Por ejemplo se decide organizar un GCP para:

- perfeccionar las habilidades de liderazgo de los directores, gerentes, supervisores o jefes de equipos y responsables de proyectos ;

- mejorar la productividad de un departamento;
- apoyar a las áreas que están atravesando un cambio considerable o
- aumentar la productividad del equipo de ventas.

Cuando se reúne, en un mismo GCP, a personas de distintas funciones –como producción, ventas, marketing, finanzas y compras, entre otros– se facilita la colaboración entres estos distintos servicios o departamentos.

Una vez explicados los objetivos del codesarrollo, daremos una explicación de las siete etapas de una sesión de codesarrollo.

Notas

1 Esta idea se ilustra muy bien con el cuento africano *El pleito de las lagartijas*: Había una vez una aldea en donde una mujer estaba acostada, enferma en su choza.

Pasaron unos hombres por ahí y escucharon unos ruidos y se asomaron a la choza y vieron que los ruidos eran causados por dos lagartijas que se estaban peleando. Y dijeron: "Tenemos prisa y cosas importantes que hacer, esto es sólo un pleito entre dos insignificantes lagartijas" y se fueron rápidamente sin pensar nada más.

Después pasó una vaca apurada y escuchó los mismos ruidos y exclamó: "Tengo cosas más urgentes que hacer, voy a ir a pastar, no me ocuparé de un pleito entre dos lagartijas". Después pasó un cerdo y dijo algo similar, así pasaron varios personajes, todos apurados, hasta que las lagartijas en su pleito tiraron la lámpara y se incendió la choza.

La mujer murió. Los dos hombres y varios otros tuvieron que acudir corriendo y toda la aldea tuvo que organizarse para apagar el fuego que ya había destruido varias casas. Costó apagar el incendio y cuando hubieron terminado tuvieron mucha hambre y decidieron matar a la vaca y al cerdo para poder comer todos.

Los hombres dijeron: "Si no hubiéramos pasado tan de prisa, si hubiéramos actuado antes, cuando esto era sólo un pleito de dos lagartijas, la señora no hubiera muerto, varias casas no se hubieran incendiado, ni toda la aldea hubiera tenido que movilizarse. La vaca y el cerdo que iban a ser la comida para todos se lamentaron igualmente por no haber actuado a tiempo, pero ya era tarde, ya todos estos males habían ocurrido y ellos iban a morir sólo por... un pleito de dos simples lagartijas.

2 Hu-Ssong pidió a sus discípulos que le ayudaran a quitar las piedras del sitio en el que quedaría el jardín. Uno de ellos, el menor, se empeñaba en mover por sí solo una gran piedra... y no lo conseguía. —Maestro —dijo a Hu-Ssong por fin—, no puedo mover esa piedra. —¿Ya usaste toda tu fuerza?, —le preguntó Hu-Ssong. —Sí, —respondió el discípulo—. apliqué toda mi fuerza y no logré moverla. —Perdona, —le dijo entonces el filósofo— pero creo que no has usado en verdad toda tu fuerza. —¿Por qué dices eso, maestro? —se confundió el muchacho. —Lo digo porque a nadie has pedido que te ayude. Muchas veces nuestra mayor fuerza estriba en reconocer nuestra debilidad y en tener la humildad de pedir la ayuda de otros.

El alumno entendió lo que decía Hu-Ssong. Dejó a un lado su orgullo y rogó a sus compañeros que le ayudáran. Así, con todas sus fuerzas —la suya y la que le dieron los demás— pudo mover la piedra.

Capítulo 5

Las etapas de una consulta

Una consulta de codesarrollo sigue una estructura muy clara, regida por objetivos precisos que permiten enfocar la atención de forma efectiva, rápida y útil.

Cada etapa requiere un comportamiento particular para cada uno de los roles: cliente, consultor y facilitador.

Las etapas son:

1. Presentación de la situación del cliente.

2. Indagación. Preguntas de curiosidad.

3. Formulación del pedido del cliente al grupo.

4. Respuestas de los consultores al pedido.

5. Plan de acción del cliente.

6. Aprendizajes de todos.

0. Seguimiento del cliente de la vez anterior

Cuando un grupo se encuentra por segunda vez y las subsecuentes, antes de la etapa 1, se agrega la Etapa 0

La etapa uno

En la primera etapa, el cliente presenta al grupo, una situación laboral que desea mejorar, mientras que los consultores lo escuchan. Es fundamental que el cliente haya elegido libremente (incluso en un contexto organizacional) el tema preciso que quiere exponer, siempre y cuando sea una situación profesional. La única consigna es que sea algo significativo para él.

Naturalmente, la línea entre lo profesional y lo personal es muy tenue, ambas dimensiones están interconectadas. El GCP, sin ser una "terapia", requiere que se incluya la dimensión subjetiva para mejorar en lo profesional.(Nota 1)

La situación planteada puede ser: pasada, actual o futura

- problemática, difícil, complicada o al contrario, un caso de éxito (mientras sea relevante)
- algo pasado que se requiera revisar.
- algo futuro, un proyecto, la toma de una decisión importante sobre algo por venir o
- algo presente que requiere para análisis para aclararse.

En mi práctica de moderadora, ha sido evidente que cuando el cliente está más dispuesto a presentar trascendental para él (y sobre lo cual, quizá, no ha querido hablar con otras personas), es cuando le brinda a los otros participantes una mayor oportunidad de aportar algo de gran valor y él queda más satisfecho con el resultado. Aunque siempre se benefician todos, clientes y consultores, con la sesión y lo que les aporta.

Muchas veces la situación –tal como la plantea el cliente al inicio– va transformándose en el proceso de la consulta. El cliente es quien determina qué tanto explorar y profundizar y desde qué ángulo de abordaje.

La etapa dos

En esta fase la consigna es hacer preguntas para entender bien lo que el cliente ha planteado. Uno de los supuestos del GCP parte de que cada situación es única, nueva y diferente. En consecuencia, no se puede ayudar de manera efectiva a una persona, sin antes tomar el tiempo necesario para comprender realmente sus necesidades.

De ahí que en esta etapa de indagación, el cliente se dedica a responder las preguntas de los consultores y se esclarecen los puntos que no se mencionaron con detalles durante la etapa de presentación.

La calidad de las preguntas formuladas por los consultores puede "alumbrar" o "facilitar que lo difícil y complejo se vea de forma simple y coherente", tal como lo expresó un participante. Esta etapa requiere de creatividad e imaginación de parte de los consultores para hacer preguntas poderosas y a veces asombrosas que ofrezcan diversas pistas al cliente[3].

La etapa tres

La tercera etapa requiere que el moderador sea riguroso y atento al uso de las palabras y que oriente al cliente para que formule un pedido claro, conciso y que responda a sus necesidades reales. Es aquí en donde se define el rumbo de las etapas posteriores. Por eso es un momento particularmente delicado, requiere de sensibilidad y de cuidado por parte del facilitador. Es fascinante ver cómo una frase, según cómo se construya, abre nuevas posibilidades o las cancela.

La etapa cuatro

La cuarta etapa es de gran efervescencia: los consultores proponen ideas, comparten experiencias, hablan de conductas, hábitos o conocimientos que les han sido útiles, comparten sus opiniones de manera verbal y por escrito, sea por medio de dibujos y esquemas o a través de otras formas creativas como con Legos.

Veamos unos ejemplos:

Una consultora propuso un ejercicio corporal para mostrar al cliente la gran fuerza que éste tenía por el

---

[3] El lector puede leer aqui sobre el arte de las preguntas poderosas http://www.theworldcafe.com/wp-content/uploads/2015/07/art_of_powerful_questions.pdf

sólo hecho de "conectarse" consigo mismo y con su firme propósito de avanzar hacia sus metas.

Otra consultora decidió utilizar una representación sin palabras (mímica) para referirse a las contradicciones internas del cliente, quien se sentía angustiado por el modo de repartir su tiempo entres varios proyectos.

Una participante se refiere a esta etapa así: "La flexibilidad en las formas de ayudar para resolver una situación plantea un sinfín de posibilidades".

Cada moderador usa su creatividad para estimular a los consultores a que respondan al pedido del cliente de modos diversos, como por medio de:

- la palabra,
- las imágenes y lenguaje visual
- el dibujo y la facilitación gráfica[4]
- de la metáfora,
- una escena muda o con palabras,
- una canción, de un ejercicio, de un juego o
- historias
- cualquier otra manera útil que se le ocurra.

---

[4] Escribi dos textos relacionados con el tema de codesarrollo y facilitación gráfica en francés en la seccion Le coin de l'expert del sitio de internet de la orden professional de consejeros en recursos humanos CRHA
http://www.portailrh.org/expert/ficheSA.aspx?p=612153
Y el segundo en este blog
http://www.leblogdelafacilitation.com/co-developpement-professionnel-facilitation-graphique/

Puede ser algo muy serio pero también puede ser algo gracioso. Hubo una clienta que habló del miedo a equivocarse el momento de hablar en público y era algo que, por su trabajo, tenía que hacer a pesar de su incomodidad. Uno de los consultores le propuso el ejercicio de que hiciera "la peor presentación que se le pudiera ocurrir" y nos invitó a que todos intentaramos lo mismo. Fue algo realmente muy cómico y a la vez liberador para ella. No era posible imaginar algo más ridículo: uno tartamudeaba, otro revolvía todas las ideas, otro se tomaba aires de superioridad exagerados, otro se metio abajo de la mesa, pero como todos compartimos "nuestra peor presentación", dejó de ser algo tan terrible.

Al final de esta etapa, el cliente suele darse cuenta de que tiene muchas más opciones de las que podría haber concebido al principio; recupera su esperanza de poder mejorar su situación y fortalece su confianza en sí mismo. Un participante expresa: "Para mí es un buen ejercicio el repetirme que mi punto de vista es sólo uno entre otros infinitos".

Otro cliente que tenía dos empresas y una carrera exitosa de coach dijo, al terminar su sesión: "¡Estoy realmente impresionado de que por más vueltas que le dí, en mi mente, a este asunto, nunca se me habían ocurrido las ideas tan útiles que ustedes me acaban de proponer y eso que son ideas de sentido común. No puedo comprenderlo, pero les aseguro que, en un año de reflexiones, ¡nunca se me ocurrieron!"

La etapa cinco

La quinta etapa conduce al cliente elegir las acciones concretas que va a realizar, retomando aquellas ideas que le son más atractivas y desechando las que no le convengan. No tiene que integrar todo lo que le han dicho los consultores. Él decide qué le sirve, lo que dejará a un lado definitivamente y aquello que piensa reconsiderar posteriormente; en esta etapa comunica al grupo su plan de acción.

Además, generalmente expresa agradecimiento por lo recibido del grupo y el apoyo brindado, reconoce que la retroalimentación lo fortaleció y estimuló su propia creatividad y la conciencia de su poder personal.

La etapa seis

Llegados a este punto cada uno comparte la respuesta a esta pregunta: ¿Qué aprendí sobre mí mismo en esta consulta? O como lo dijo una participante: "Es cuando te preguntas qué me llevo". O en palabras de otro participante: "En el codesarrollo siempre te vas con un equipaje de nuevas enseñanzas, ya que el grupo te ha alumbrado".

Esta ronda para mencionar los aprendizajes, puede ser breve o prolongarse, pero lo que importa que todos están ahí para aprender juntos sobre sí mismos en cada reunión. Algo que muchos participantes han dicho es "Aprendí que no soy el único al que le pasa X,Y o Z ..." y aprender esto, no sé exactamente cual sea el motivo, pero representa un gran alivio y la situación o el sentimiento deja de verse como si fuera muy grave, tan negativo o la prueba de una incompetencia que sólo uno la tiene. Claro que también genera gran bienestar, el saber que existen soluciones y enterarse de que otras personas han superado situaciones semejantes, da esperanza. Un simple cambio de mirada (simple, pero no fácil de hacer sólo) ya es una buena parte de la resolución.

La etapa 0

Este paso va antes de la Etapa uno, aquí el cliente de la consulta anterior indica los avances que ha tenido en su plan de acción. Generalmente, esta información resulta estimulante para todo el grupo porque los consultores se dan cuenta del alcance de sus aportaciones y del impacto positivo que han tenido en este cliente.(Nota 2)

Cuando el cliente no ha logrado ejecutar su plan de acción, igual tiene la oportunidad de recibir retroalimentación y apoyo del grupo por la solidaridad que se ha generado.

Por ejemplo, una clienta había hablado en la sesión previa de un proyecto paralelo a su empleo principal, pero en la etapa 0, contó que detuvo ese proyecto porque había perdido su empleo. Todo el grupo espontáneamente empezó a darle nuevas ideas de cómo buscar y encontrar un nuevo empleo. Ella visiblemente recuperó mucho el ánimo y tomó varias de esas ideas.

Al final, el cliente ha:

- transformado su entendimiento respecto a lo que considera relevante o significativo;
- entendido lo que va a hacer al respecto y
- ganado claridad, no sólo en el plano intelectual, sino también en el emocional.

Notas

1 Un cliente contó un problema que lo tenía particularmente preocupado y al que calificó de "vital". Al hacerlo, experimentó tanto alivio y agradecimiento, que varios meses después señaló que los comentarios vertidos por el grupo le seguían siendo importantes. Los llevaba escritos en unas tarjetitas que todavía conservaba en su cartera para leerlos nuevamente con frecuencia. (Me alegró saber que las ideas del grupo eran tan valiosas aún después del tiempo transcurrido. Éste no es el único caso de clientes que conservan notas o dibujos de su consulta y las ponen en lugares visibles.

2 Este es un ejemplo de lo que comparte un cliente en a Etapa 0 al regresar al grupo, un mes después este texto fue enviado por correo por Karina: "Les cuento que el codesarrollo fue un motor y un impulso tremendo para mi vida cuando con un dibujo y una escena simples, pero significativos, me mostraron que yo tenía otras alternativas... Bueno las busqué... ¡Y las encontré! El lunes 24 de junio comenzaré en mi nuevo puesto de trabajo en mi Santiago querido, a sólo 2 cuadras de mi casa (antes me quedaba muy lejos

el trabajo) y haciendo lo que amo (encargada del Departamento de Capacitación) formando y facilitando el aprendizaje y los cambios en las personas. Tendré la libertad de poder aplicar todos los aprendizajes recopilados en este último tiempo. Gracias porque de una manera u otra, todos aportaron para que esto sea haya hecho posible".

Capítulo 6

Tres casos y sus consultas

Para ilustrar lo explicado en los capítulos previos, en este último se encuentran tres ejemplos de consultas reales (cambiando lógicamente, algunos datos, para proteger la identidad de las personas mencionadas).

El lector comprenderá cómo este método cambia la perspectiva de quienes fueron clientes y dándoles alternativas que les permitieron, por un lado construir una mejor imagen de sí mismas y recuperar su seguridad y por el otro, considerar nuevas alternativas, ampliando sus posibilidades de acción.

El primer ejemplo proviene del sector de servicios, más precisamente la hotelería. Ocurre en México. El segundo es un caso de integración laboral de una profesional del área de la salud, inmigrante en Canadá y el tercero es de una psicóloga organizacional en Chile.

Caso 1. Problemas de selección de personal o "la mejor barrendera del mundo contratada"

Ricardo es un gerente de operaciones de un hotel que pertenece a una gran cadena mexicana de prestigio y en plena expansión. Los otros participantes trabajan en la misma cadena (pero no directamente con él) de suerte que conocen muy bien las problemáticas. Esto les permite hacer preguntas muy acertadas a pesar de que esta es la primera sesión de codesarrollo.

El cliente tiene una actitud muy receptiva y comienza su presentación, contando que él está muy preocupado por los problemas de rotación de personal. Explica que en su hotel el personal operativo, como en cocina y las camaristas tiene una tasa de rotación demasiado elevada y que generalmente deja los puestos en los peores momentos.

Esto genera una situación crítica y de urgencia y cree que por esto mismo no se hace una selección de personal adecuada. Afirma: "Creo que incluso la selección es nula. Los de recursos humanos le dicen a quienes vienen por vacantes: "Si tienes dos brazos y dos piernas órale vas pa' dentro, puedes hacer la chamba. Claro, luego, estas personas, contratadas así, no están tan motivadas, no tienen el perfil, no "dan el ancho" y así como entraron de rápido, así también, cuando el ritmo se pone más intenso, van para afuera".

Termina su explicación diciendo: (la etapa uno) "No sé qué puedo hacer para mejorar esto porque yo no trabajo en el área de recursos humanos y además la competencia está muy fuerte con los otros hoteles. Ellos nos roban al mejor personal."

En la etapa dos, le preguntamos muchas cosas a Ricardo, por ejemplo "¿Sabes tú porque las personas deciden irse? Él contesta que no sabe exactamente pero... pensando ya con un poco de detenimiento, recuerda que ha escuchado que las camaristas se quejan de no tener siempre lo necesario para trabajar.

En alguna ocasión dijeron que ellas tenían que traer productos de limpieza de su casa porque el hotel no les abastecía correctamente con todo lo necesario para realizar su trabajo. Habló también de un problema de unas aspiradoras que se habían descompuesto y que habían tomado un tiempo para repararlas.

Una consultora le pregunta: "¿Qué podría hacer yo si fuera la mejor barrendera del mundo, motivada y con experiencia pero sin que me den una escoba para barrer?" Tuvo que aceptar: "Claro si no me dieran lo necesario para lograr mi trabajo yo perdería la motivación y... buscaría trabajo en otra parte".

A partir de la nueva información surgieron preguntas adicionales referentes a la disponibilidad de recursos requeridos para llevar a cabo el trabajo. Este nuevo tema reveló más problemas graves de esa índole. Cambió el enfoque, en lugar de continuar tratando el tema de la supuesta mala selección del personal.

La sesión tomó este curso porque aunque el cliente, en un inicio, consideraba la contratación como la raíz de los problemas, se dió cuenta, a partir de sus propias respuestas a preguntas que no se había planteado antes, que la causa real estaba en otra parte. Continuando con las preguntas, se llegó al tema de la relación de este gerente de nivel intermedio con su jefe superior.

En la etapa cuatro, la de las reacciones de los consultores, se planteó la posibilidad de que Ricardo tuviera una conversación con su superior para hablarle del problema de falta de recursos que afectaba al personal para llevar a cabo sus tareas.

Algunas ideas que recibió se refirieron a la posibilidad de que Ricardo solicitara a su jefe un margen de decisión más amplio para poder tomar ciertas decisiones relacionadas con el abastecimiento de algunos recursos.

En otras palabras, Ricardo, gracias a este proceso colaborativo, cambió su foco de atención de las prácticas que él no podía cambiar, como es la política de contratación que rige en el área de recursos humanos, hacia otros ámbitos, en donde él sí puede tener una influencia relevante. En la relación con su jefe y en el suministro de los insumos necesarios para el cumplimiento del trabajo de las camaristas o de otros empleados.

En la última etapa algunos consultores dijeron que:

- se sentían aliviados porque se daban cuenta de que ellos no eran los únicos en tener que enfrentar este tipo de situaciones.
- Otros estaban muy contentos, al contrario, de ver que en sus hoteles no tenían tales problemas.

Todos los participantes quedaron satisfechos y dijeron que había sido muy significativo darse cuenta como uno puede a veces creer que tiene un problema pero, cambiando el punto de vista uno descubre que en realidad su solución está en otra parte. Y, como dijo uno de los consultores, era necesario actuar de otra forma, no como a primera vista parecía, y dijo: " me doy cuenta de uno sólo no puede ver tan claro como lo puede hacer un grupo que usa una metodología estructurada".

Este caso nos llevó a constatar que aunque en teoría el objetivo principal debe ser el atender con calidad al cliente, en algunas empresas, se trata de ahorrar en el suministro del material de trabajo requerido por los empleados. Esta lógica no sólo genera dificultades para cumplir los objetivos, sino que también contribuye a provocar tensiones, conflictos y falta de colaboración entre áreas.

En este caso Ricardo, se sentía realmente molesto por la forma de trabajar del área de recursos humanos y los culpaba, en cierta medida de los problemas a los que se enfrentaba. Además se sentía impotente. Esta forma de pensar le impedía voltear a ver el funcionamiento de su propio servicio y la comunicación con su jefe.

Fue su participación en la sesión lo que lo llevó a descubrir alternativas a su alcance, que aún no consideraba, y que dependían de su capacidad de comunicarse mejor con su superior inmediato.

Caso 2. Una consulta que cambia de rumbo y dos puntos que determinan el futuro

Azim, participante de un GCP enfocado a la integración de los inmigrantes al mercado laboral solicitó ayuda para resolver una fobia muy grande: su miedo al agua. Este tema, al principio, no parecía tener ninguna relación con algo profesional, no obstante que ella sabía que la invitación al grupo era para tratar temas profesionales, insistió en hablar de ese problema.

Como yo conocía su historia, sabía bien que, para esta clienta, era determinante hablar de que había reprobado un examen profesional crucial. De él dependían los proyectos que la habían decidido a emigrar a otro país, dejando todo allá, incluso sus excelentes condiciones laborales, en un hospital en donde, además, la invitaban a volver.

Tenía ya once años de experiencia en un puesto especializado del campo médico, y sin embargo, por las políticas de Quebec, requería pasar ese examen para acceder al derecho de continuar ejerciendo su profesión, según los requisitos de la orden profesional.

El haber fallado en esa prueba le producía demasiada vergüenza y mucha inseguridad, a pesar de su sólida trayectoria. Para ella, una mujer acostumbrada al éxito, estos sentimientos eran muy inusuales y molestos. Prefería "distraer la atención" hacia otro tema sin conexión con la cuestión laboral... pero, visto bien, era su forma de comenzar a abrirse. Efectivamente, cuando vió el respeto con el que se trató su tema del miedo al agua se sintió más segura con el grupo.

Entonces decidió abordar aquello que le causaba tanta incomodidad, explicó que reprobar el examen la hizo sentirse "fracasada y decepcionada de sí misma", al extremo de que no deseaba ni mencionar el tema del examen reprobado, aunque éste fuera crucial para su futuro.

Sin embargo, poco a poco, se fue compartiendo más información. Para pertenecer a la orden profesional y poder ser contratada, necesitaba obtener 60 puntos –su resultado había sido de 58, **le faltaban sólo dos puntos de 100 para aprobar.**

Amaba su carrera, era su vocación, y quería retomar su actividad cuanto antes –incluso ya tenía ofertas de empleo muy bien atractivas–, pero todo su proyecto se bloqueó por su inseguridad paralizante y su temor irracional de volver a fallar. Le quedaban dos oportunidades para presentarlo.

Su percepción del riesgo de volver a reprobar era enorme y había decidido "ponerse a estudiar el segundo idioma durante un par de años". Posiblemente, si ella se alejaba de su práctica profesional por un tiempo prolongado, su inseguridad le impediría cada vez más verse como lo que era, una profesional capaz y acceder a un excelente empleo.

Con gran respeto, les hicieron preguntas variadas que le permitieron recordar y entender por qué había fallado en el examen a pesar de haber estudiado mucho.

Fue clave para ella identificar el momento durante el examen, en que, pese ha haberse preparado tanto, se había puesto muy nerviosa, porque una de las preguntas se refería a un aparato médico que no existe en su país.

Recordó lo que le había pasado cuando se había enfrentado a una pregunta del examen que era incapaz de responder:

- había perdido cierto tiempo intentando encontrar una respuesta, pero sobre todo, había perdido la serenidad y una parte de la confianza en sí misma
- con ello había disminuido su concentración,
- por lo que había cometió errores en otras preguntas cuyas respuestas si conocía y que obviamente sí hubiese podido responder, de haber mantenido la calma y la mente despejada.

Recordar estos detalles fue valioso, así entendió que el resultado obtenido, se debió más a la falta de dominio de sus emociones que a alguna deficiencia grave en sus conocimientos o a una preparación insuficiente para el examen.

Le pidió a los consultores ideas para cambiar su forma de ver estos hechos y sobretodo para reunir el valor para presentarse de nuevo y sentirse capaz de aprobar el examen.

En la Etapa 4 los consultores tuvieron diversas reacciones, una de ellas, bastante graciosa por inesperada, tratándose de un tema tan serio. Fue la de un compañero que tenía una forma de ver las cosas totalmente opuesta a la suya.

Él había reprobado exámenes en muchas ocasiones de su vida y no le parecía en lo absoluto, algo por lo cual preocuparse y menos aún avergonzarse. Incluso le aconsejó que, antes de cualquier cosa, (como sentirse mal consigo misma o ponerse a estudiar de nuevo para el examen) tomarse unas buenas vacaciones. Le dijo: "lo mejor que puedes hacer ahora es ir a Cuba a tomar mucho sol en la playa y saborear unas margaritas".

Esta sugerencia, tan original, y por la forma en que lo dijo, hizo reír a todos y le sirvió mucho a ella para relajarse y dominar la dificultad del caso; así ella dejó de considerar su problema como algo catastrófico, dejó de verlo como un drama.

La cliente se dió cuenta de que existen muchas formas diferentes de interpretar el hecho de reprobar un examen. Recibió apoyo y recuperó la seguridad para que volver a presentarse al examen, esta vez mejor preparada, pero no sólo en lo intelectual, sino también en lo psicológico, pues ahora contaba con la ventaja de saber más sobre el tipo de preguntas y sobre ella misma.

Poco tiempo después, tuve la gran alegría de recibir, el mensaje siguiente para el grupo: "I hope all of you be happy and successful. I miss all of you. Finally I made it. I could pass my exam successfully!" (Espero que estén todos contentos y que tengan éxito. Los extraño. Finalmente lo logré. ¡Pasé mi examen con éxito!) Ahora veo, con gran gusto su perfil de Linkedin, tiene un puesto excelente y se la ve sonreír feliz, en su foto.

Caso 3. Cambio de mirada que aligera la carga o la "mujer perezosa" que descubre su fortaleza

Yolanda, trabajaba en el departamento de recursos humanos de una empresa y solicitó ayuda para "dejar de ser una perezosa mental". Expresó sentirse bastante decepcionada por "no haberse desarrollado plenamente en su profesión", pese al gran potencial e ímpetu que creía tener como profesional.

Narró que al ponerse a leer algo, frecuentemente le daba sueño y se dormía. Eso le molestaba de sí misma. Se calificó además como una "persona desordenada", ya que en la empresa donde se desempeñaba como psicóloga organizacional, nunca llevaba un método o plan predeterminado con los empleados que atendía; por el contrario: sólo se adecuaba a lo que le ocurría a las personas en ese momento.

Cuando Yolanda empezó a responder a las preguntas, poco a poco, tomó conciencia de que el método que utilizaba para atender a los empleados (el mismo que ella había calificado negativamente de "espontáneo" e "improvisado") resultaba, en realidad, una forma más efectiva, ya que le permitía ser flexible, usar la intuición y adaptarse en tiempo real a cada persona en lugar de imponer un modelo riguroso y que no respondiera a las necesidades de sus clientes.

Valoró de que su forma de trabajar era más efectiva y disfrutable para ella y para todos que si siguiera una planeación rígida. Y no hacía reportes porque en realidad éstos no eran necesarios ni de utilidad, además de quitarle tiempo y energía. Por lo que era así más eficiente y productiva

El trabajo de Yolanda requería mucha entrega y contribuía de forma significativa en la empresa y a las vidas de las personas que atendía. Al mismo tiempo, en su casa, tenía una gran responsabilidad: cuidar de cuatro hijos asumiendo la totalidad de su manutención.

Ella se sentía mal por no poder cubrir con los requerimientos de atender y educar a sus hijos como ella hubiese querido hacerlo; le parecía necesario "ser siempre la fuerte" y "la que da consuelo a los otros". Pero difícilmente se permitía reconocer y mostrar que ella también se cansaba o que, en ocasiones, requería ayuda. –El grupo le sugirió entonces que se viera a sí misma de una forma amable, y que se permitiera expresar sus necesidades para obtener una colaboración familiar.

En la consulta ella contó que su hijo menor necesitó de apoyo para reforzar algunos aspectos de su desempeño escolar, por lo que su hija mayor se hizo cargo de ayudar a su hermanito. Sin embargo, Yolanda se sentía como "una madre irresponsable, que no es capaz de apoyar a su hijo con las tareas".

Después de platicarnos sobre esa situación, se sintió mejor. Interpretó de otra manera el hecho de que su hija mayor apoyara con los deberes escolares a su hermanito, dedicándole el tiempo y atención que Yolanda no podía brindarle cada tarde, a causa de sus horarios de trabajo y de su cansancio.

De manera progresiva Yolanda pudo darse cuenta y apreciar (después de liberarse de sentimientos de culpa y de autocrítica) que si su hija mayor tenía la disposición de asumir una responsabilidad de hermana mayor, eso no significaba que, como madre, realmente "descuidara a su hijo".

Yolanda aceptó que su supuesta "pereza mental" –vista en el contexto de sus múltiples quehaceres, laborales y familiares– era en realidad un cansancio acumulado, legítimo y normal. Y de que si quería leer sin dormirse, los tiempos de descanso eran imprescindibles, tanto como el liberarse de sus propias exigencias, las cuales ahora, vistas en perspectiva, eran demasiado altas.

Ella habló de su aprendizaje con estas palabras: "Comprendí que tengo que tener cuidado en cómo digo las cosas que me definen, ya que corro el riesgo de quedar atrapada en mi propia etiqueta autoimpuesta, que en mi caso la consideré "pereza mental". Entendí lo que es el cansancio originado por tantas energías puestas a trabajar… Y en tanto no lo reconozca tal y como es, no puedo hacerme cargo. ¡Por ello es tan importante lo que comprendí!"

Después de un mes, en su Etapa 0, Yolanda compartió algunos de sus avances. (Nota 1)

Comentarios sobre los tres casos

A través de la descripción estos casos hemos mostrado cómo el método del GCP contribuyó a que cada persona:

- confiara en la ayuda de los demás,
- se sintiera más segura profesionalmente
- y expusiera ante los demás aquellas facetas que normalmente se mantienen ocultas, incluso ante ellos mismos.

No nos referimos aquí sólo a facetas o aspectos que la persona considera defectos, sino también a sus fortalezas y cualidades especiales, como lo vimos en el caso de Yolanda. A veces las personas que poseen atributos excepcionales, no son capaces de apreciarlos porque para ellas son "normales".

Por ejemplo una persona "muy organizada" (por dar un ejemplo de una cualidad), cree que para ser ordenada, no se requieren esfuerzos especiales. Como esa característica forma parte de sus talentos naturales con los que ha crecido desde muy temprana edad, paradójicamente, eso mismo es lo que provoca que no se dé cuenta de que tales capacidades o aptitudes no son comunes a todo el mundo.

Estas cualidades son tan naturales y requieren tan poco esfuerzo para quien las posee que no cree que sean atributos de mucho valor, ni relativamente excepcionales. Repetidamente, en sesiones de codesarrollo, he visto que las personas no identifican, ni aprecian sus cualidades como puntos fuertes ni las aprecian, hasta que el grupo les hace ver su valor.

En un GCP este tipo de "incapacidad" para que una persona mire sus puntos fuertes (y los no tan fuertes) se resuelve gracias al clima de confianza y al contacto con otros. Los demás pueden apreciar las cualidades que ven con mayor claridad que quien las posee. Así, la interacción permite reconocer el valor de un talento especial o de experiencias de trabajo formativas.

A medida que se van compartiendo más experiencias por medio de las consultas, el grupo adquirirá una mayor madurez y cohesión.

Las personas con puntos de vista distintos en cuanto a temas importantes, lograrán no sólo escuchar con apertura opiniones diferentes y opuestas, sino también aprenderán del otro. Los participantes, expuestos a la diversidad, transformarán poco a poco sus propias creencias arraigadas, ya que tal vez no las habían sometido antes a un cuestionamiento así, en un grupo que intercambia las ideas con respeto y apertura.

Notas

1 "Respecto de mi proceso, me he tomado mi tiempo, he sido más permisiva con mi descanso, me he abierto a recibir, a pedir, a dar, a estar más en el presente, en la calma. La "pereza mental" ahora, la he redefinido como cansancio y lo tomo como una parte de mí que me da luz para escuchar mi cuerpo y para escuchar a los demás. Estoy realmente más abierta a escuchar y ver en el espejo de los otros, estoy más receptiva a ver mis sombras, lo que no ayuda, lo que puedo hacer distinto y me estoy dando permiso para ser feliz desde el corazón, sin excusas.

He pasado bellos momentos con mis hijos, en conversaciones diferentes, más conectadas, llevé a la práctica con ellos el repetir con cada letra del abecedario y agradecer por algo que tengamos en nuestra vida, y fue sorprendente la cantidad de bendiciones que fuimos capaces de ver y agradecer. Algo ha sucedido también con mi soltar lo que no puedo controlar".

Conclusiones

El impacto del codesarrollo

A nivel de los individuos.

Muchas veces, los participantes de los GCP tienen ideas brillantes y muy acertadas sobre sus situaciones (incluso las tienen desde hace tiempo), y también cuentan con múltiples recursos personales importantes. Pese a ello, pueden estar bloqueados y detenidos por diversas razones: la indecisión, el miedo o la confusión.

Consiguen ponerse en movimiento gracias a lo que comprenden, esto los impulsa a encontrar la claridad, la energía y la seguridad en ellos mismos para sentirse entusiasmados, capaces e inspirados para actuar.

Esto sucede quizás porque logran darse cuenta del alcance de su poder personal para encontrar opciones nuevas y mejores; o por el hecho de que cuentan con quien intercambiar ideas y reciben el apoyo que necesitaban. (Nota 1)

Un elemento clave es el soporte que reciben de los compañeros, lo que genera un impulso y una base muy positiva para actuar. Pero no sólo es quien expone su problemática el que "sale ganando"; todos los integrantes aprenden, se identifican con los casos expuestos y refuerzan el sentimiento de pertenencia. El ampliar la perspectiva sobre una situación permite a todos verla desde otros ángulos y con una mayor tranquilidad.

Esto ocurre al responder preguntas diversas. Al desarrollar el arte de hacer preguntas poderosas se producen aprendizajes estimulantes para todos los participantes, no sólo para el cliente. Se dice que la calidad de las preguntas que nos hacemos influyen en el tipo de vida que podemos crear para nosotros mismos y para quienes nos rodean. Por ejemplo es muy distinto preguntarse ¿Por qué me pasa esto? o preguntarse ¿Para qué me pasa esto?

Cada miembro de un grupo aprende de las experiencias de los compañeros porque, lo que le sirve a uno, también, quizás de otra forma pero le sirve a los demás, sea por las similitudes o al contrario, justamente por las diferencias.

En el primer caso mencionado en el capítulo anterior, la identificación entre los participantes del grupo de codesarrollo se dió muy fácilmente en el contexto del sector hotelero pues todos habían vivido casos similares a los que se estuvieron abordando.

Resumimos algunos de los beneficios del codesarrollo en palabras de una participante: "Para mí, en primer lugar, el codesarrollo es divertido y contribuye a que me sienta menos preocupada; después me brinda un espacio para generar relaciones durables y de apoyo mutuo con mis colegas. También me da mucha claridad y valor para tomar decisiones. Sobretodo me impulsa para ponerme en acción, pero ya sabiendo mejor en qué dirección quiero avanzar y me conviene hacerlo. A la vez amplía mi perspectiva y me hace focalizar mi atención".

El resultado principal del GCP es lograr cambios a nivel del individuo, del grupo y de la empresa.

El impacto del codesarrollo a nivel de los equipos

Hemos constatado los cambios siguientes:

Se eleva el nivel de confianza entre los miembro del equipo por lo que aprenden rápido porque:

- Comparten información y experiencia
- Se atreven a hacer preguntas cuando no entienden
- Hablan de los problemas y de las opciones
- Entienden mejor la situación del otro y su trabajo

Ademá se comunican de forma más efectiva porque aprenden a escuchar a sus compañeros y se respetan y valoran aunque tengan enfoques diferentes, mejorando las relaciones dentro del equipo, lo que incrementa el compromiso.

El impacto del codesarrollo a nivel de las empresas

El codesarrollo promueve actitudes y comportamientos que van generando una cultura de colaboración, de trabajo en equipo, de respeto mutuo y de calidad en el servicio que se le da a los clientes, tanto externos, como internos.

Estos comportamientos son entre otros:

- aprender a pedir y recibir ayuda;
- intercambiar información oportuna, relevante y útil;
- mejorar la calidad en la toma de decisiones;
- aprender sobre el tipo de tareas que los demás desempeñan para ampliar el conocimiento de la organización y de las funciones de ésta; y,
- brindar un espacio seguro que contribuya a reducir el estrés, resolver conflictos y tomar decisiones de una manera adecuada.

Por otro lado, el impacto positivo del GCP será mayor en la organización mientras más altos sean los cargos de quienes participen en un GCP. No hay un límite en cuanto al nivel en la estructura organizacional para participar en un GCP.

En algunas organizaciones, en donde incluso los miembros de la dirección general han usado este método, se han podido aprovechar sus beneficios ampliamente a nivel de los participantes mismos y en cuanto a la influencia de ellos en la organización.

Para romper la lógica del funcionamiento en silos, se recomienda conformar un GCP con empleados de diversos departamentos o sedes distintas. Se recomienda evitar mezclar niveles jerárquicos directamente relacionados.

El GCP en las organizaciones genera redes durables y sólidas valiosas para sostener procesos de cambio que atenúan la lógica de silos, aumentan la resiliencia (capacidad de adaptarse a situaciones difíciles) en periodos críticos y contrarrestan el agotamiento profesional, tan costoso para las empresas.

El liderazgo mejora de manera sensible cuando los gerentes desarrollan la capacidad de escuchar ideas diferentes, de ser más reflexivos y de aprender de sus propias experiencias con mayor humildad y objetividad. Por otra parte, con la participación en un GCP se incrementa el nivel de compromiso y la satisfacción en el trabajo.

Actualmente, un grupo de colaboradores y yo, estamos trabajando en un libro colectivo que recopila reflexiones y experiencias de casos de codesarrollo aplicado a temas específicos y que permite ver este método desde diversas disciplinas. Esperamos tenerlo listo en español y en francés, dentro de poco, en el 2016.

Para terminar quisiera dejarlos con el comentario que hizo un director del sector bancario: "!Cómo me hubiera gustado conocer el codesarrollo 20 años antes hubiera sido tan diferente mi manera de trabajar y de dirigir pero estoy tan feliz de conocerlo al fín y de poder ¡compartirlo con otros directores!"

Notas

1 Este mensaje permite ver las acciones que empezó a llevar a cabo desde el día siguiente de su consulta. Nótese la determinación requerida para cumplir con los pasos para su graduación, motivo de mucha preocupación y desde hacía ya varios meses.

"Quiero contarles mis avances. Primero quiero agradecerles que me hayan dado la oportunidad de salir del atore que tenía respecto a mi proyecto de titulación. ¿Qué ha pasado? Al día siguiente de nuestro encuentro hablé con mi padre, compartí lo que estaba haciendo y le pedí todo su apoyo, el cual obviamente me brindó.

Dejé a la vista los papelitos que me dieron los consultores y los tuve cerca de mí en cada momento. Puse horarios de trabajo y determiné la fecha límite para terminar mi documento, confieso que entré en momentos de sumo estrés pero al final ya mandé mi documento concluido.

La maestra lo vio y le encantó. !Las observaciones fueron meramente de ortografía y diseño de estilo! Lo estoy terminando de revisar ya y lo entregaré el 21 de agosto. Me di chance de no ser tan exigente conmigo misma (cosa que me costó mucho trabajo), uní datos que consideré estaban relacionados con el mismo tema y acabé por hacer más de 70 cuartillas. Esto me originó un bienestar emocional al saber que no sólo puedo hacer las cosas sino que además comencé a ocupar tiempo en mí.

El miedo a la responsabilidad disminuyó y me permitió empezar a tocar puertas para poder cambiar de empleo. De antemano agradezco todo lo que aprendí en el grupo, y me quedo con el deseo de que más personas logren limpiar su panorama, como me pasó a mi ".

Contacto

Si tiene comentarios, preguntas o ganas de participar en un grupo de codesarrollo profesional presencial o en línea, o considera proponerlo en su contexto laboral, con gusto puedo ayudarle.

Adriana Díaz-Berrio Döring Ph.D.
www.diazberrio.com
www.codesarrollo-profesinal.com
adriana@diazberrio.com
Celular 52 442 1469511

Si usted desea ver un ejemplo de una sesión de codesarrollo puede entrar aquí
http://recursoshumanos.tv/video/an/metodo-para-el-co desarrollo-de-talento

La doctora Adriana Díaz-Berrio Döring, después de vivir diez años en Montreal Canadá, vive en la cd de Querétaro México.

Bibliografía

Cashman, Kevin. "**The pause principle. Step back to lead forward**". San Francisco: Berrett-Koehler, 2012.

Díaz-Berrio Döring., L. Adriana "**L'influence de la confiance sur les apprentissages des membres d'une équipe de travail**". Tesis doctorado UQÀM, versión completa: http://www.colparmex.org/Tesis/LAD.pd, 2005.

Dressler, Larry. "**Standing in the fire. Leading high-heat meetings with clarity, calm and courage**". San Francisco: Berrett-Koehler, 2010.

Gonzalez, Maria. "**Mindful Leadership the 9 Ways to self-Awareness, transforming Yourself, and inspiring others**". Jossey-Bass, 2012.

Lave, Jean y Wenger, "**Etienne. Situated learning. Legitimate peripheral participation**". Cambridge University Press, 1991.

Isaacs, William. "**Dialogue and the art of thinking together**". Currency, 1999.

Payette, Adrien y Champagne, Claude. "**Le groupe de codéveloppement professionnel**". Presses de l' Université du Québec, 2007.

Scharmer, Otto. **"Theory U Leading from the future as it emerges. The social technology of presencing"**. San Francisco: Berrett-Koehler, 2009.

Stone Zander, Rosamund y Zander Benjamin. **"The art of possibility. Transforming professional and personal life"**. Penguin Books, 2000.

Weick, Karl. **"Enacted sensemaking in crisis situations"**. Journal of Management Studies, 25, 305–317, 1988

Weick, Karl. **"The collapse of sensemaking in organizations: The Mann Gulch disaster"**. Administrative Science Quarterly, 3: 628–652, 1993

Weick, Karl. **"Sensemaking in Organisations"**. London: Sage.1995

La autora

L. Adriana Diaz Berrio Döring Ph.D.

La doctora Adriana Díaz-Berrio Döring, mexicana, después de vivir diez años en Montreal Canadá, vive desde 2014, en la ciudad de Querétaro, México.
Es egresada de la carrera de Economía de la Universidad Autónoma Metropolitana (UAM), unidad Xochimilco. Obtuvo su maestría en Economía en la UNAM y concluyó su doctorado en Administración en la Universidad Université du Québec à Montréal (UQAM)
Tiene un diplomado en Liderazgo Organizacional por la Escuela Hautes Études Commerciales de Montreal (HEC).
Conoció al Grupo de Codesarrollo Profesional en 2009. Desde ese año dirige su empresa *Diaz Berrio Travail en Équipe*, que brinda servicios a nivel internacional.
Ha capacitado a más de 76 personas como animadores de grupos de codesarrollo profesional en México, Canadá, Francia, Chile, España)
Fue miembro del Consejo de Administración de la Asociación Quebequense de Codesarrollo Profesional y es facilitadora de reuniones colaborativas para grupos grandes con el método *Open Space Technology*.

Actualmente está coordinando un segundo libro, obra colectiva, sobre el codesarrollo profesional que saldrá publicado próximamente en español y en francés.

www.ingramcontent.com/pod-product-compliance
Lightning Source LLC
Chambersburg PA
CBHW072031190526
45166CB00016B/1987